1985

gedichte aus der finsternis

© 2008 gerhard vrabetz
Herstellung und Verlag: Books on Demand GmbH,
Norderstedt
ISBN-13: 9783837054507

vorwort

die abgründe der menschlichen seele
sind das thema dieses buches
reduziert in form und inhalt
auf das notwendige
das wesentliche
lassen sie sich hineinfallen
und erkennen sie die tiefen
in denen wir uns alle begegnen
orte fremd und doch bekannt
menschen grausam vertraut
öffnen sie die augen
um sie langsam
an die finsternis zu gewöhnen
die uns alle umgibt
lassen sie die schreie der stille ein
und es wird gut sein

eingeständnis

vor langer zeit
den stift
weggelegt
aufgehört
mit gedanken zu reden
gefühlen form zu geben
beinahe verloren
den weg
wiedergefunden
weiterzugehen
erfahrener
gereifter
doch noch immer
nicht
weiser

banal

egal
wie hochgestochen
die rede
egal
wie
der emotionale
der rationale
hintergrund
für
aktion und reaktion
auch
sein mag
das leben
ist
banal
und nicht
die katastrophen
nein
die vielen
alltagsbanalitäten
zerstören uns

gestern heute morgen

gestern
alles dunkel
ein lichtstrahl
in die ewigkeit
schwach
unwirklich
und doch
übermächtig

heute
gleissende helle
scharfe konturen
lebensfeindliches schwarz/weiss
gefangen
in der
unendlichkeit

morgen
alles licht
ein schuss dunkel
ins
brennende herz
der anfang
vom ende

eine chance

langsam
zerbricht
die schale
mit goldfäden durchwirkt
ein weg
in die freiheit
tut sich auf
ein schmaler pfad
über abgründe
steil aufwärts
danach
ungewissheit
aber
immerhin
eine chance

träumerei

vorgegebene bahnen
durchziehen
ein leben
mauern
selbsterrichtet
hingenommen
tore darin
die klinken
zu hoch
für menschenhände
lebenslang
der traum
einmal
dem Schicksal
ins Gesicht
zu spucken

gedanken

in gedanken
allein
mit gedanken
kreisend
darüber
ein Geier
auf seine Chance
wartend
irgendwann
vom himmel
fallen
die gedanken
mitreissend

feuer unterm eis

weiche formen
von einer hauchdünnen
eisschicht
überzogen
satte farben
verblassen
werden blaustichig
milchig verzerrt
formen
vom wachsenden eis
verändert
bis alles
kalt und grau
schimmert
und das
feuer unterm eis
verlischt

steine auf dem weg

immer wieder
die angst
zu verlieren
nicht dazu zu gehören
stolz
eitelkeit
das gefühl
nur
einer der
steine auf dem weg
zu sein

die schwarze flut

hochgehoben
ans licht
warme strahlen
gefühlt
auf der haut
dann tiefer
durch
körper
geist
seele
um dann
wieder
zu versinken
in der
schwarzen flut
der
einsamkeit

das einhorn

eingemauert
in die zeit
umstellt
von siegern
zu schwach
zu widerstehen
kollidierende welten
blinde kräfte
sorglos
alles verzehrend
über allem
die faust
bereit
das einhorn
zu
zerschmettern

was bleibt

rundherum
gleich
zufriedenheit
ewiges leben
alles schöne
auf erden
drinnen
angst
verzweiflung
fühlbares
absterben
bis
nichts mehr
bleibt

in einem atemzug

in einem atemzug
kann man
lügen
wahrheit sagen
lachen
weinen
versprechen
zerbrechen
aufheben
stürzen
verletzen
leiden
verzichten
nehmen
oder ganz einfach schweigen

abendstimmung

sonnenschein
blaues wasser
blauer himmel
weiße wolken
hellgrüne wiesen
dunkelgrüne wälder
gelbes schilf
schwarze zäune
rote dächer
silberne antennen
graue häuser
graue straßen
graue städte
menschenleer
tv-time

müde

müde
traurig
am ende
und
es gibt
keinen
rationalen Grund
nur
einen
irrational emotionalen
doch
das genügt

glashaus

draußen
vor dem glashaus
menschen
steine in der hand
bereit
zu werfen
auf alles
was
anders ist
ohne
zu bedenken
dass
beim ersten wurf
ihre eigene
glashaus
zerbricht

zwischen steinen

gesät
im boden gefroren
von der frühlingssonne
aufgetaut
langsam
gereift
gewachsen
hin zum licht
gebeugt
von der
eigenen last
gewaltsam
von
den wurzeln
getrennt
nach einer
dunklen odyssee
hier
zwischen steinen

seidenfäden

seidenfäden
klebrig
unzerreißbar
schillernd
in regenbogenfarben
tief ins fleisch
schneidend
immer tiefer
bis
das fleisch
zerschnitten
leblos
von den knochen
fällt
ein
seidenumsponnenes skelett
in einem
schillernden Kokon
das langsam
zu staub wird

ein hut

verregnete gedanken
unter nassem haar
kalter wind
braune blätter
fauliger schlamm
füsse
die
schwer werden
nach unten ziehen
immer tiefer
bis
das schilf
den bleigrauen himmel
verdeckt
und nur
der hut
der
auf dem see
treibt
an ihn
erinnert

ein kleiner stich

ein kleiner stich
und
noch einer
jeder
eine spur tiefer
eine kleine wunde
und noch eine
immer
ein wenig mehr blut
ein leiser schrei
und
noch einer
jeder
eine spur lauter
doch
niemand hört hin

von wem

straßen
immer schlechter werdend
steine
felsen
wassergräben
gestolpert
angeschlagen
weitergegangen
gestolpert
liegengeblieben
gescheitert
an
den steinen
in den weg
gelegt
von wem

gerede

gerede
geplauder
beteuerungen
träumereien
zukunft
die
nicht stattfindet
aber doch
sich irgendwo
als
realität
manifestiert
eine realität
von vielen
surreal
irrational
absurd
abgeglitten
zeigt
wo alles
den sinn verliert
und dadurch
zeugt
was wert ist
gelebt zu werden

herbstbeginn

herbstbeginn
mitten im sommer
alle farben verschmelzen
diesiges graubraun
schatten ergrauen
zur transparenz
mit ihnen
schwindet
ihre ursache
die welt steht still
meere erstarren
müdigkeit
macht sich breit
langsam aufsteigend
bis sie
herz und hirn
erreicht
und
das licht verlischt

blicke

überall blicke
neugierig
schwer
sich durch jalousien
zwängend
lippen dazu
steine formend
ausdruck
der eigenen
ewig unterdrückten phantasie
das opfer
gebückt
von der last
der blicke
zu boden gedrückt
von den steinen
der lippen
verletzt
sinkt zu boden
verendet
triumphierende
augen und lippen
haben
das alles
nicht gewollt
und wie wird es morgen sein

paradies

ein kleines paradies
wunderschön
flora
fauna
wie im
bilderbuch
glaswände
durch die
die graue
außenwelt
verschwimmt
ein kleines paradies eben

zweifel

nagende zweifel
machen verrückt
setzen sich
im hirn
fest
lassen
die vernunft
nicht
durchkommen
ängste
albtraumhaft
quälend
bis du
endlich
am boden
liegst
zerschmettert

courage

die angst
einen
fehler zu machen
der alles
in frage stellt
die angst
vor
der eigenen
courage
lässt dich
sitzen bleiben
und auf
dein leben
verzichten

regentropfen

ein regentropfen
aufs volle glas
lässt
tränen
daran herunterlaufen
übergangsloser aufbruch
in die tiefe
ohne hoffnung
auf rückkehr
mit dem wissen
dass
nur
auflösung
im licht
die
wiedergeburt
bringt

gipfelsturm

aufstehen
anziehen
bergschuhe
rucksack
seil
im auto
zum fuß des berges
im regen
durch den wald
immer höher
über die baumgrenze
bis zum gipfel
grauer himmel
graue seen
graue wälder
und am gipfelkreuz
wiegt sich
ein
lebloser körper
im wind

irgendwo

irgendwo
zwischen
liebe
leidenschaft
und
glück
bleibt
ein verlierer
mit nassen augen
und verlorenen sehnsüchten
auf der strecke
und nur die zeit
kann heilen
wo keine wunden
sind
nur schmerz

keine antwort

warten
ungewissheit
schmerz
stiche
in der brust
appetitlos
grenzenlose
verlorenheit
auf
schwarzem moos
mit
kleinen grünen blüten
wasserhelle augen
und dahinter
keine antwort

nebel

langsam
werden die
nebel
dünner
von weit her
kämpft sich
ein lichtstrahl
durch die
taubenetzte luft
immer deutlicher
nimmt etwas
form an
wie ein
wegweiser
und da
die nebel
verfliegen
wird
ein weg
sichtbar

neugeboren

einen augenblick
verweilen
in gedanken
nicht abbiegen
geradeaus
weiter
ans ende
der straße
und dort
neu anfangen
unbelastet
frei
neugeboren

es geht mir gut

jahrelang
jedem
der es
wissen wollte
gesagt
es geht mir gut
mit dem erfolg
dass
jetzt
wo es so ist
mir niemand
glaubt
auch ich nicht

bergab

steil bergab
führen
die stufen
in die
unendliche dunkelheit
aber dort
wo das schwarz
am undurchdringlichsten
scheint
kann ich eine
unsichtbare stufe
erfühlen
und darüber
noch eine
und noch eine
aber zuerst
muss ich
noch
ganz hinunter

zeichen an der wand

wenn du
die
zeichen an der wand
siehst
dann heißt das
noch lange nicht
dass
sie auch da sind
aber
sind sie da
dann
sag nicht
du hättest
sie nicht gesehen

goldtopf

beide hände
wieder
aus dem
goldtopf
herausgenommen
nichts angerührt
erleichtert
festgestellt
dass
im spiegel
immer noch
ein bekanntes gesicht
lächelt

der tunnel

auf schienen
durch
wiesen
wälder
in einen tunnel
der
kurz oder lang
lauern gefahren
oder einfach nichts
verweilen
zögern
ein blick zurück
dann
in die dunkelheit
vorsichtig tastend
bis am anderen ende
ein lichtstrahl
eine
neue welt
verspricht

der alpha

inmitten
der finsternis
die augen
zu den sternen
den traum
eines lebens
ausgeträumt
im eigenen blut
ein zucken......................

wolf

ein wolf
eingesperrt
wird ausbrechen
und/oder
dich zerreissen
weil
ihn etwas
vom hund
unterscheidet
niemals
zähmbar
bleibt er
wolf

taufen

wozu
ein kind
taufen
in einer welt
in der
gott tot ist
vielleicht
um etwas
zu haben
falls
er
doch noch
lebt

träume 1

jeder tag
an dem
du
deine träume
vergisst
bringt dich
einen schritt
näher
zum
strick

träume 2

wenn du
heute
deine träume
nicht
verwirklichst
heißt das
noch lange nicht
dass du
sie
nicht
verwirklichen kannst
überleg mal

träume 3

du hast gehofft
daran
gearbeitet
bist
gescheitert
hast
geflucht
aufgegeben
wieder
angefangen
und am ende
hast du
den traum
nicht mehr gehabt
sondern
einen neuen
einen anderen
und es war gut so

keine fragen

wenn du
eines tages
feststellst
dass dir
die fragen
ausgegangen sind
wird es zeit
dich
zurück zu lehnen
und
solange
nachzudenken
bis du
wieder
fragen
zu stellen hast
es kann aber
auch schon
zu spät sein

traurig

traurig ist
dass das
was
mein leben
so bereichert
das gleiche ist
das es
zerstört

das tier

selbstverleugnung
stilles dulden
mit all
der größe
der
ein mensch
fähig ist
aber
wie lange noch
und
das tier
verdrängt
den menschen
und
verlangt
sein recht
seine freiheit

ja

sag
niemals
ja
um der ruhe
willen
zu beschwichtigen
zu deinem vorteil
ohne es zu meinen
ohne zu wissen
dass du wirklich
ja
meinst
mit einem solchen
ja
beginnt dein untergang

ehre

jeder mensch
hat
unveräußerliche rechte
jeder mensch
sollte
das wissen
niemand
hat das
recht
sich selbst
zu
erniedrigen
solange er noch
anspruch
erhebt
als
mensch
zu gelten

kein weg

wohin
wenn es
keinen
weg
mehr gibt

kompromisse

kompromisse
zugeständnisse
und
immer wieder
bröckelt
ein wenig ab
und
am ende
sieht
dich
jemand
aus dem spiegel
an
den du
nicht
kennst

tränenbogen

der regenboden
den du
durch
die tränen
in deinen augen
siehst
gibt
deinem leben
wieder
einen sinn

todesnähe

leidend
fühlt sich
der körper
begreift
sich
dem tod
nahend
lebend
schmerz
als ausdruck
des lebens
schmerzlos
nur
im tod
doch
niemals
gefühllos

radiotag

unbeschreiblich
welche
menge
blanker dummheit
innerhalb
eines einzigen
tages
aus
dem radio
kommt

morgen

nacht
umfängt uns
dich
mich
und
den rest der welt
im raum
steht
die frage
geht die sonne
noch einmal auf

schweigen

wenn
die kraft
des wortes
nicht
ausreicht
muss
die
stille
der gedanken
dem schweigen
einen sinn
geben

abgang

wenn
alles gesagt
und
alles getan
ist
dann
ist
es zeit
zu gehen

zorntränen

tränen
des zorns
treiben
das
mühlrad
der
gescheiterten ideen
kraftgewinnend
zu einem
neuen
erfolg
der
das vorangegangene
versagen
rechtfertigt

demonstration

die studenten
sind
wieder
auf der straße
und
das ist
gut so
denn
solange
haben
wir
noch
ein stück
freiheit
uns wehren zu können
hoffentlich

schau

schau
in mein
herz
und
du siehst
eine welt
nicht schöner
nicht besser
aber
vielleicht
geeigneter
darin
zu leben

sekundenleben

um
nur eine
einzige sekunde
wirklich
und
wahrhaftig
zu leben
kann man
ruhig
eine ganze
ewigkeit
nicht
tot sein

spur

ein schritt
getan
wird nicht
ungetan
wenn du
die spuren
verwischt

narbe

im schatten
der
erinnerung
eine narbe
die
noch blutend
heilung
verhieß
geschlossen
nicht mehr
als
eine linie
in
zeit und raum

morgens

der morgen
bricht
wie ein aufschrei
ins zimmer
nur
um zu
erinnern
dass
da draußen
vor dem fenster
noch
eine ganze Welt
wartet
die
erobert sein will

vergessenheit

durch die wüste meiner gefühle
ungesprochene worte
bedeutungslos
angstvolles flüstern

durch ein universum der dummheit
gesichtloses ignoranznicken
idiotisierendes gelächter
der unschuldigen

durch die meere des zorns
in blutendem wasser
und lemminge
warten auf die flut

durch die wolken des wissens
die liebe verloren
und nur ein ausweg
nach oben in die kälte

durch den ozean des vergessens
golden
spuren im sand
das schicksal auf dem manta der zeit
zerfließt in einer blutleeren hand

misantrop

es ist
nicht leicht
in einer
zeit
umwelt
in der
geistlosigkeit
das maß
aller dinge
ist
philantrop
zu
bleiben
es ist
nicht leicht

ein....

qualvoll
ist es
zu begreifen
dass
das einhorn
unter
pferden
genauso wenig
könig
ist
wie
der einäugige
unter
blinden
wenn nur
genug
blinde pferde
da sind

vakuum

womit
beginnen
wenn alles
leer und tot
ist
ein vakuum
das
alles
anzieht
und
nichts mehr
loslässt
ein
schwarzes loch

verloren

den faden verloren
in finsternis
gedanken verworren
im verlies
ideen zerbrochen
planlose hast
wohin
wenn
ich mich
nicht mehr
finde
einsame nächte
leere tage
bleischwer
und das herz
ist verbrannt

inhaltsverzeichnis

3. eingeständnis
4. banal
5. gestern heute morgen
6. eine chance
7. träumerei
8. gedanken
9. feuer unterm eis
10. steine auf dem weg
11. die schwarze flut
12. das einhorn
13. was bleibt
14. in einem atemzug
15. abendstimmung
16. müde
17. glashaus
18. zwischen steinen
19. seidenfäden
20. ein hut
21. ein kleiner stich
22. von wem
23. gerede
24. herbstbeginn
25. blicke
26. paradies
27. zweifel
28. courage

inhaltsverzeichnis

29. regentropfen
30. gipfelsturm
31. irgendwo
32. keine antwort
33. nebel
34. neugeboren
35. es geht mir gut
36. bergab
37. zeichen an der wand
38. goldtopf
39. der tunnel
40. der alpha
41. wolf
42. taufen
43. träume 1
44. träume 2
45. träume 3
46. keine fragen
47. traurig
48. das tier
49. ja
50. ehre
51. kein weg
52. kompromisse
53. tränenbogen
54. todesnähe
55. radiotag

inhaltsverzeichnis

56. morgen
57. schweigen
58. abgang
59. zorntränen
60. demonstration
61. schau
62. sekundenleben
63. spur
64. narbe
65. morgens
66. vergesseneheit
67. misantrop
68. ein....
69. vakuum
70. verloren

der autor

gerhard vrabetz geb. 20.9.1954

aufgewachsen in wien favoriten, wo es
in dieser zeit noch genug möglichkeiten
für abenteuer gab immer schon fasziniert
von allem was von der norm abwich
fantasy und science fiction mystic und
magic waren immer bevorzugte themen
ablehnung von krieg und gewalt
natürlich zivil- statt militärdienst
im prozess des broterwerbs ab dem
fünfzehnten lebensjahr nach langer
verweigerung führungspositionen in
internationalen unternehmen
nebenberuflich matura und danach
verschiedene interessensstudien
englisch deutsch italienisch biologie
philosophie psychologie musik
klassische gitarre und gesang
viele jahre in verschiedenen rockbands
als sänger bassist gitarrist songwriter
bergsteigen – höchster berg pik lenin
powerlifting – vizeweltmeister
europameister mehrfacher weltcupsieger
spirituelle arbeit tarot radiästhesie
geistheilung clearings trancemalerei
und weil es nun zeit ist schriftsteller

auf wiedersehen

fortsetzung folgt